SPANISH LIT

Volun

SELECTED READINGS IN EASY SPANISH

Selected, and translated by:
Álvaro Parra Pinto

Edited by
Alejando Parra Pinto

Ediciones De La Parra

EDICIONES DE LA PARRA
Caracas, Venezuela 2014

Copyright c 2014 by Alvaro Parra Pinto
All rights Reserved

Spanish Lite Series

ALL RIGHTS RESERVED

This book may not be reproduced in whole or in part, by any method or process, without the prior written permission from the copyright holder. Unauthorized reproduction of this work may be subject to civil and criminal penalties.

Copyright © *2014* by Alvaro Parra Pinto. *All rights Reserved*

ISBN 13: 978-1502546159
ISBN-10: 1502546159

Amazon Author page:
http://amazon.com/author/alvaroparrapinto

SPANISH LITE SERIES

Selected Readings in Easy Spanish Vol. 5
Intermediate Level

This volume was written in simple, easy Spanish for intermediate language students. Fun and easy to read, it includes a selection of pages from the following classic best-sellers:

****JOURNEY TO THE CENTER OF THE EARTH***
by Jules Verne

Page 1

ALADDIN'S LAMP (Anonymous)

Page 19

THE ADVENTURES OF TOM SAWYER by Mark Twain

Page 35

SANDOKAN, THE TIGER OF MALASYA
by Emilio Salgary

Page 49

WAR AND PEACE by Leon Tolstoi

Page 59

THE HISTORY OF HERODOTUS by Herodotus

Page 77

All texts were translated, edited and simplified to increase language comprehension and ease reading practice with simple wording, short sentences, and moderate, intermediate-level vocabulary.

Spanish Lite Series

Selected Reading in Easy Spanish

1-VIAJE AL CENTRO DE LA TIERRA

Julio Verne

LA EXPEDICIÓN LIDENBROCK ya llevaba muchos días explorando las ocultas profundidades del centro de la tierra. Yo, Axel, asistía a mi tío, el profesor Otto Lidenbrock, quien era el jefe de nuestro pequeño grupo. También nos acompañaba un cazador islandés llamado Hans, cuyo extraordinario tamaño y fuerza nos fue muy útil.

Después de haber bajado por el cráter de un conocido volcán y atravesar numerosos pasadizos y cavernas, finalmente llegamos a lo que parecía ser una cueva gigantesca y brillante… ¡Era tan grande que contenía un cielo luminoso y un inmenso mar!

Quedé asombrado ante la vista de aquel extenso cuerpo de agua.

-¡Un mar! –exclamé sorprendido.

-Sí, Axel, es el mar de Lidenbrock –contestó mi tío, sonriendo con orgullo-. Tengo el honor de ser el primer científico en verlo. Por lo tanto, ¡desde hoy llevará mi nombre!

-¡Sí, tío! ¡Te lo mereces! ¿Pero cómo es posible que haya un mar aquí, debajo de la tierra?

-Te aseguro que existe una explicación lógica, sobrino.

-Sí, tío, ¿pero cuál?

-Lo más probables es que sea producto de un hundimiento en la corteza terrestre producido hace millones de años. No hay otra explicación.

Aquel vasto mar se perdía de vista en el horizonte.

En la orilla había una playa de arena dorada, salpicada de grandes piedras blancas. Era un panorama increíble.

Una rara claridad iluminaba la inmensa bóveda. No era como la luz del Sol ni como la de la Luna, sino más bien como una luminosidad de origen eléctrico.

Todos miramos el cielo. Se perdía de vista. Estaba lleno de relucientes nubes que relampagueaban continuamente en las alturas.

Era imposible saber el tamaño de la fabulosa caverna. Aquel lugar era el más sorprendente que habíamos visto desde que iniciamos nuestro viaje al centro de la tierra. ¡Todo lo descubierto por el hombre no era nada comparado con aquella maravilla!

UN HALLAZGO SORPRENDENTE

Fuimos a caminar por la playa. A lo lejos vimos lo que parecía ser una selva y nos acercamos. Al llegar vimos varias extrañas especies vegetales, ¡incluyendo hongos gigantes, de más de seis metros de altura! También encontramos otras especies vegetales desconocidas por la ciencia. ¡Parecían especies botánicas extintas desde la prehistoria!

Al pie de uno de los hongos gigantes, Hans consiguió un enorme hueso y comentó que de un animal.

-¡Qué increíble que hayan animales aquí! –exclamé sorprendido al ver el hallazgo de Hans.

Mi tío lo examinó de cerca por unos segundos y concluyó:

-Estos huesos pertenecen a bestias prehistóricas…

-¿Bestias prehistóricas? –pregunté-. ¿Crees que hayan animales vivos?

Mi tío miró a nuestro alrededor antes de contestar:

-Sólo hay una forma de saberlo, sobrino...

Exploramos el lugar durante las siguientes horas. Pero no conseguimos ninguna señal de animales vivos. Sólo huesos de seres aparentemente extinguidos en tiempos prehistóricos.

Cuando regresamos a la playa, los tres nos sentamos sobre la arena y nos quedamos unos minutos mirando el mar en silencio.

-Bueno –dijo mi tío después de mirar su reloj de bolsillo, rompiendo el silencio-. Ya es hora de levantar nuestro campamento. Se hace tarde y mañana nos espera un duro día: ¡Construiremos una balsa y atravesaremos este mar!

RUMBO A LO DESCONOCIDO

Al despertarme, después de un largo y merecido descanso, mi tío ya estaba recogiendo sus cosas.

Mientras desayunamos, me mostró su pequeño cuaderno de notas y me dijo que había calculado el tamaño del mar de Lidenbrock: ¡la distancia a la otra orilla era de unas treinta leguas!

-Vamos a la playa –dijo guardando su cuaderno en un bolsillo-. Hans ya está allí, trabajando en la construcción de la balsa.

El islandés se había despertado mucho más temprano que nosotros y ya llevaba varias horas trabajando en nuestra embarcación. Cuando llegamos, ya tenía lista la estructura y con nuestra ayuda, el trabajo quedó terminado medio día después. Era una espaciosa balsa donde podríamos navegar cómodamente, fuertemente armada y dotada de una vela.

Apenas quedó lista nuestra nueva embarcación, montamos los víveres junto con nuestro equipaje y nos lanzamos al mar.

El viento soplaba con fuerza. Al poco tiempo ya estábamos lejos de la orilla. Navegamos rápidamente, atravesando las aguas con una creciente velocidad.

-Si seguimos así –dijo mi tío mirando a través de su largavista-, muy pronto veremos la otra orilla.

Minutos después, perdimos de vista la playa done nos embarcamos.

Sólo se veía un mar infinito hacia todas las direcciones, además del cielo lleno de esas extrañas y brillantes nubes.

Mi tío me dio su cuaderno de notas y me encomendó la tarea de llevar una bitácora del viaje. Durante las siguientes horas, anoté todos los datos de la navegación, hasta que llegamos a un lugar en medio del mar que estaba cubierto por unas extrañas algas gigantes.

A Hans se le ocurrió que podía ser un buen lugar para ver si podíamos pescar algo y detuvo nuestra embarcación. Enseguida preparó un anzuelo y lo lanzó al mar.

Para nuestra sorpresa, segundos después pescó un pequeño y extraño pez que parecía un esturión, aunque de aspecto extraordinario. La parte delantera de su cuerpo llevaba una coraza y no tenía cola. Además, no tenía ojos.

-¡Que pez tan raro! —exclamé asombrado.

-Pertenece a una antigua familia de peces supuestamente extinta -contestó el profesor-. ¡Es un hallazgo extraordinario!

Hans continuó pescando y en corto tiempo sacó numerosos peces de diferentes tipos y tamaños. Al examinarlos, mi tío concluyó que todos pertenecían a especies prehistóricas. Además, todos eran ciegos.

Por suerte, aquellos peces era comestibles, así que decidimos preparar una suculenta comida.

Después de comer hasta hartarnos, reanudamos nuestra marcha.

Algunas horas después, mientras que yo pensaba en lo sucedido, casi me quedé dormido. Entonces la balsa giró de repente y por poco me caigo al agua. ¡Gracias a Dios que mi tío me tomó por un brazo, evitando mi caída!

-¿Qué pasa, tío? —dije sorprendido.

-¡Te estabas durmiendo, muchacho! ¿Te quieres caer al mar? –contestó malhumorado.

-Disculpa tío… sólo pensaba. Pero, ¿por qué estás de mal humor?

-¡Porque llevamos navegando casi un día y todavía no hay tierra a la vista! –exclamó enojado-. ¡Parece que este mar es más grande de lo que calculé!

Se notaba su desesperación.

Navegamos durante el resto del día y, aunque varias veces nos detuvimos para pescar y descansar un poco, por más que avanzamos seguimos sin ver la costa que nos esperaba al otro lado del mar.

Después de dormir, mi tío lanzó al mar una piqueta amarrada a un largo cordel. Quería ver si llegaba al fondo y así medir la profundidad de las aguas. Pero no hubo ningún resultado. Sin embargo, cuando sacó la herramienta del agua todos nos quedamos perplejos: ¡Tenía unas marcas como de mordedura!

-¡Es como si un animal la hubiera mordido! –exclamé alarmado-. ¿Acaso en este mar hay monstruos marinos?

Los tres nos miramos las caras, evidentemente preocupados. Entonces, antes de seguir navegando, mi tío y Hans sacaron las armas que llevábamos y las cargaron. Estábamos listos para lo peor.

FURIA DE TITANES

Varias horas después, la balsa se estremeció de repente y una vez más casi me caigo al agua. Escuché a Hans lanzar un grito de advertencia, señalando un lugar en medio del mar, a nuestra derecha.

No pude creer lo que vieron mis ojos.

Frente a nosotros y a poca distancia, un par de monstruos marinos surgieron de las aguas, cortándonos el paso: Eran una feroz ballena y un monstruoso lagarto con filosos dientes.

Los monstruos amenazaban con destruir nuestra balsa y en ese momento pensé que todo estaba perdido.

Por suerte, Hans hizo una maniobra y logró esquivarlos justo a tiempo.

Pero en ese momento otros dos reptiles gigantescos surgieron de las aguas. Era una horrible tortuga y una temible serpiente que nadaron hacia nosotros a toda velocidad.

Llenos de espanto, mi tío y Hans tomaron sus rifles mientras que yo tomé un viejo revolver y nos preparamos para luchar por nuestras vidas. Pero yo sabía muy bien que de nada iban a servirnos las balas ante semejantes colosos.

Para nuestra sorpresa, en el último momento los dos reptiles se atacaron mutuamente y pronto la tortuga y la ballena también se unieron a la lucha.

Mientras que aquellos titanes del mar peleaban encarnizadamente, Hans cambió nuestro rumbo y alejó nuestra balsa a toda prisa:

-¡Que horribles son esas dos fieras del mar! –exclamó mi tío.

-¿Cómo que dos? –pregunté-. ¿No ves que son cuatro?

-¡Sólo son dos, sobrino!

-¿Será verdad, tío?

-Yo creo que sí. La ballena y el lagarto, de grandes dientes, son un solo monstruo. El otro está formado por la tortuga y la serpiente.

El profesor explicó que el primer monstruo era un Ictiosauro, un terrible reptil marino. Este reptil prehistórico merodeaba los mares durante los tiempos de los dinosaurios. Se parecía a una ballena pero con cabeza de lagarto y enormes dientes. El otro animal era un Plesiosauro. Éste era otro terrible depredador marino. Su cuerpo era como el de una tortuga. Su larguísimo cuello parecía una serpiente marina. Los dos monstruos vivieron en el período Jurásico y fueron encarnizados enemigos, como lo indican los registros fósiles.

Mientras continuamos alejándonos vimos con asombro el final del brutal combate. Los dos monstruos, bañados en sangre, finalmente se hundieron en el mar.

Segundos después, emergió la cabeza del plesiosauro. Herido de muerte, se retorció en el agua y emitió un fuerte chillido que me puso los pelos de punta. Pensé que nos atacaría nuevamente, pero dejó de moverse y quedó allí, flotando inerte en medio del mar...

EL ISLOTE DE AXEL

Pasaron las horas y todo continuaba igual. La misma monotonía, el mismo mar infinito. Por más que avanzábamos, no se veía tierra por ningún lado. Y aunque todavía guardábamos el temor de cruzarnos con algún monstruo marino, ninguno volvió a surgir de las profundidades del mar.

De pronto, a lo lejos escuchamos un extraño susurro, parecido a un mugido. A medida que navegamos, el sonido fue creciendo hasta casi convertirse en un estruendo. Aunque no veíamos nada capaz de producir ese ruido, sospechamos lo peor. Entonces mi tío, tomando su largavista observó un pequeño punto en la lejanía y exclamó.

-¡Es un chorro de agua que sale del agua y se eleva con fuerza!

-¿Es otra de esas ballenas prehistóricas? –pregunté con temor.

-Puede ser –contestó mi tío sin dejar de mirar a través de su largavista.

-¡Entonces cambiemos el rumbo, tío! ¡No quisiera toparme con otro monstruo!

-¡Espera! –respondió mi tío con decisión-, acabo de ver algo-. ¡Sí, así es, sigamos adelante!

A medida que nos acercamos al origen del curioso estruendo mi temor creció. Sin embargo, pronto todos pudimos ver que la colosal columna de agua provenía de una pequeña isla.

-¡Un geiser! -dijo Hans.

¡Quedé aliviado al saber que sólo se trataba de un fenómeno natural!

-Es una fuente de agua de origen termal -explicó mi tío-. Nunca había visto una tan grande.

En efecto, la gran columna de agua que se elevaba ante nosotros casi alcanzaba las nubes.

Desembarcamos en el extremo opuesto de la isla, lo más alejado posible del gigantesco geiser. El suelo de la playa estaba muy caliente y caminamos hasta el extremo de la laguna de donde emanaba la gran fuente. El agua estaba casi hirviendo, evidentemente procedía de las candentes profundidades del centro de la tierra.

Mientras que mi tío hizo varios cálculos y mediciones sobre las condiciones ambientales de la isla, yo anoté todo en la bitácora y Hans reparó algunos daños menores ocasionados en nuestra embarcación.

Cuando finalmente decidimos partir, mi tío decidió llamarla por mi nombre y así, pronto nos alejamos del recién bautizado "islote de Axel".

Varias horas después perdimos de vista aquella inusual formación natural y medio día más tarde dejamos de escuchar el incesante susurro del insólito geiser.

EL FIN DE NUESTRA BALSA

A medida que continuamos navegando, el tiempo empezó a cambiar y pronto el cielo quedó cubierto por una gruesa capa de nubes.

Poco después se desató una fuerte tormenta.

En medio de truenos, relámpagos y una intensa lluvia, la balsa fue impulsada por el fuerte viento. Hans perdió el control completamente y varias veces estuvimos a punto de naufragar.

Sacudidos por el fuerte oleaje y estremeciéndonos con gran violencia, la tormenta nos arrastró durante varios días.

No sé cuántas leguas recorrimos.

Sólo recuerdo que después de un tiempo que me pareció infinito, cegados por la lluvia y la neblina, nos estrellamos contra unas rocas y perdí el conocimiento.

Nuestra balsa quedó completamente destruida.

Más tarde me enteré que al estrellarnos, yo me había caído al agua, al igual que mi tío, y que por suerte Hans nos había rescatado a tiempo.

Desperté tendido en medio de la arena. Todo el cuerpo me dolía. Sólo entonces me di cuenta de lo sucedido.

Mi tío al verme abrir los ojos y mirar sorprendido a mi alrededor, brincó de alegría y exclamó:

-¡Sobrino! ¡Por fin lo logramos! ¡Atravesamos el mar de Lidenbrock!

Y así, cargados de un nuevo entusiasmo, continuamos nuestra increíble marcha sin saber cuántas nuevas aventuras nos esperarían durante el resto de nuestro inolvidable y asombroso viaje al centro de la tierra...

Spanish Lite Series

2-LA LÁMPARA DE ALADINO

Anónimo

12

HACE MUCHO TIEMPO, en la legendaria ciudad de Kolo-Ka-Tsé, entre La India y China, vivía un humilde sastre con su amada esposa y un pequeño hijo llamado Aladino.

Aladino era un niño muy rebelde y cuando cumplió 10 años, su padre quiso que aprendiera algún oficio. Pero como no tenía dinero para pagar sus estudios, lo puso a trabajar en su pequeño taller.

Al pequeño no le gustaba trabajar en la sastrería y prefería jugar con los otros chicos del barrio. Y como era tan rebelde, cada vez que podía se escapaba y se iba a la calle con sus amigos.

Por desgracia, el pobre sastre murió al poco tiempo y la madre de Aladino, al ver que su hijo no quería trabajar en la sastrería, la vendió con todas sus herramientas. De este modo, el pequeño huérfano quedó libre de responsabilidades y se entregó por completo a jugar en las calles.

EL MAGO FARSANTE

Cinco años después, cuando Aladino ya era un muchacho de quince años, un viejo extranjero llegó a la ciudad. Era un mago muy sabio y poderoso, pero también era muy malvado, mentiroso y traicionero.

-¡Éste es el muchacho que estoy buscando! –pensó el anciano la primera vez que vio al hijo del sastre.

Sin que Aladino se diera cuenta, el hechicero se acercó a uno de los jóvenes que siempre andaba con él y le hizo muchas preguntas. De este modo, se enteró de numerosos detalles sobre su futura víctima y en secreto preparó su malicioso plan.

El día siguiente, el mago se acercó a Aladino y le preguntó:

-Muchacho, ¿tú eres Aladino, el hijo del sastre?

-Sí, soy él –respondió el chico con timidez.

-¿Y el sastre? ¿Cómo está tu padre?

-Mi padre murió, señor.

Entonces el viejo se arrodilló y comenzó a llorar, fingiendo profundo dolor y tristeza.

-¿Por qué llora usted, señor? –le preguntó el niño, extrañado.

-¿Cómo no voy a llorar si acabas de decirme que tu padre murió? –respondió el viejo. –¡Yo vine desde muy lejos sólo para verlo! Soy su hermano querido y no lo veía desde hace mucho tiempo.

-¿Su hermano? ¿Usted?

-Sí, Aladino –dijo sin dejar de llorar-. Tú debes ser mi sobrino. Desde que te vi por primera vez, me di cuenta de tu parecido con mi querido hermano.

-¿Entonces usted es mi tío?

-Sí, sobrino mío. Te daré algo que le traje a tu padre. Es una vieja deuda que tenía con él…

Entonces el viejo sacó de su bolso unas monedas de oro y se las obsequió diciendo:

-Toma, querido sobrino, ¿aún vives con tu madre?

-Sí, señor, vivo con ella –dijo Aladino tomando las monedas con gran alegría.

-¿Y dónde viven?

El muchacho, creyendo en las buenas intenciones del viejo y deslumbrado por las monedas, le señaló su casa desde lejos.

-Por favor, sobrino, entrégale el dinero a tu madre y dile que pronto los iré a visitar –dijo el anciano antes de despedirse del pequeño y desaparecer entre la muchedumbre.

UNA INESPERADA VISITA

Aladino corrió de inmediato a su casa y le contó a su madre sobre su encuentro con su supuesto tío. Pero ella, extrañada ante las palabras de su hijo, negó rotundamente que su esposo tuviera un hermano.

La siguiente mañana, mientras Aladino estaba en la plaza de la ciudad, se encontró con el viejo mago. Éste, después de saludarlo efusivamente, le dio al niño dos monedas y le dijo:

-Sobrino mío, por favor entrégale esto a tu madre y dile que esta noche iré a cenar a tu casa.

La madre, al ver las monedas, pensó que tal vez su esposo sí tenía un hermano después de todo y salió corriendo al mercado. Después de comprar todo lo necesario para preparar una rica comida, se dedicó a preparar la cena.

Al caer la noche, el viejo mago llegó a la casa de Aladino y saludó a su madre con mucho cariño. Con lágrimas en los ojos, lamentó la muerte de su supuesto hermano y ella terminó pensando que el desconocido efectivamente era hermano de su esposo.

Durante la cena, el anciano les dijo entre lágrimas que no había podido venir antes porque hacía más de treinta años se había marchado al extranjero.

-Ahora tengo una gran fortuna –les dijo-. Por eso regresé, quería compartirla con mi querido hermano… Pero por desgracia llegué demasiado tarde…

El viejo, secando sus lágrimas, le preguntó a Aladino:

-Dime, sobrino, ¿tú trabajas? ¿Cómo ayudas a tu madre?

Aladino, sintiendo mucha vergüenza, miró al suelo y no dijo nada. Su madre, bañada en lágrimas, contestó por él:

-¡Este niño no sabe hacer nada más que andar en la calle con otros holgazanes como él¡ ¡Se la pasa todo el día cometiendo fechorías y metiéndose en problemas!

El viejo se dirigió a Aladino y le dijo:

-¡No puedo creer que no trabajes ni ayudes a tu madre! ¿Cómo es posible que en vez de eso seas un holgazán? Si no quieres ser un sastre, como mi hermano, entonces dime qué es lo que quieres y con gusto pagaré por tu educación. Si lo prefieres, puedo montarte una tienda en el mercado para que vendas con lo que desees...

Ante tal propuesta, Aladino no pudo más que aceptar.

Después de cenar, el viejo se despidió con muchos abrazos y la mañana siguiente regresó a la casa de Aladino y lo llevó al mercado. Después de comprarle un hermoso traje de seda, fueron a pasear por la ciudad y lo presentó a los más prósperos comerciantes del lugar. Finalmente lo acompañó a su casa y al despedirse le prometió que regresaría el próximo día.

LA CUEVA ENCANTADA

La mañana siguiente, según lo prometido, el viejo buscó a Aladino y esta vez fueron a caminar en las afueras de la ciudad.

-¿Para dónde vamos, tío? –le preguntó Aladino con curiosidad.

-Paciencia, sobrino. Te voy a llevar a un lugar maravilloso donde hay un gran tesoro. ¡Te va a gustar mucho, ya lo verás!

Después de caminar durante un par de horas, llegaron a un valle desierto.

-¡Al fin llegamos! –exclamó el mago soltando un suspiro-. Éste es el lugar que quiero que conozcas, querido sobrino. Aquí hay un jardín secreto con un valioso tesoro… ¡Seguramente te encantará!

-¿Un jardín, tío? Yo sólo veo la arena del desierto. ¿Dónde está?

-Está debajo la tierra, ¡ya lo verás!

El viejo le pidió a Aladino que recogiera leña y, cuando ya había suficiente, encendió una hoguera con ella. Luego sacó unos polvos mágicos de su bolso y los echó a las llamas.

Un humo oscuro y misterioso salió de la hoguera y el mago pronunció una serie de palabras extrañas en un dialecto incomprensible para Aladino.

Al finalizar, el mago levantó sus las manos y en ese momento el suelo tembló y se abrió la tierra…

Para sorpresa de Aladino, ante ellos se formó un gran agujero, en cuyo fondo pudo ver una reluciente placa de mármol.

Aladino, muy asustado, pensó en escapar. Pero el hechicero rápidamente lo tomó por un brazo y evitó que se marchara…

-¡No te marches, sobrino mío, por favor! Debajo de esa placa de mármol está el jardín y su tesoro. Su fortuna está destinada solamente a ti. Sólo tú puedes sacarlo de donde está…

-Lo siento tío, tuve mucho miedo… ¿En serio hay un tesoro?

-Sí, querido sobrino, sólo tienes que bajar a buscarlo…

-¿No me pasará nada?

El viejo se quitó un anillo de la mano y se lo dio al muchacho.

-Esta prenda mágica te protegerá en el camino.

Aladino se colocó el anillo y bajó al hoyo antes de levantar la plancha de mármol. Debajo de esta, había una escalera que se internaba en una profunda y oscura cueva.

-¿Qué es esto, tío? ¡No veo ningún jardín y mucho menos un tesoro!

El viejo mago le explicó:

-Tienes que bajar por la escalera y en el fondo de la cueva encontrarás el jardín que te mencioné. Y en medio de éste hallarás una vieja lámpara de cobre.

-¿Una lámpara?

-Sí, es una lámpara mágica y con ella conseguiremos el tesoro que te mencioné. Tráemela, hijo, yo aquí te espero.

-¿Sólo debo ir por ella, tío?

-Sí, pero debes ir directo al jardín de la lámpara, sin tocar nada durante el camino. Si tocas algo, podrías perder la vida.

-¿Y por qué no bajas tú, tío, y la buscas?

-Porque yo ya estoy demasiado viejo...

La verdad era que el mago, a pesar de todo su poder, no podía bajar a la cueva debido a un poderoso encantamiento. Por eso el chico le era necesario. Sólo un niño inocente podía bajar a aquel lugar.

Aladino hizo lo que le pidió el viejo y bajó a la cueva de inmediato.

Con mucho cuidado de no tocar nada, llegó hasta un bello jardín subterráneo. En medio de éste, encima de un hermoso pedestal de mármol, estaba la vieja lámpara.

Aladino la tomó y la guardó entre su ropaje antes de caminar hacia la escalera... Pero entonces tropezó en la oscuridad y el viejo le dijo con enojo:

-¡Dame la lámpara de una vez, niño torpe!

-Enseguida subo, tío

El viejo, enfurecido, levantó la voz y le gritó groseramente que se apurara o lo pagaría muy caro.

Aladino se asustó tanto al escuchar al viejo que se escondió en la cueva, temiendo recibir algún castigo. Al ver que se ocultaba, el hechicero enfurecido lo maldijo muchas veces. Entonces lanzó unos polvos a la hoguera, pronunció un extraño encantamiento y, con gran estruendo, la cueva se volvió a cerrar.

Aladino quedó atrapado.

Al ver que ya oscurecía, el viejo mago se marchó de aquel lugar lanzando mil y una maldiciones, abandonando al chico a su propia suerte…

UNA MÁGICA EXPERIENCIA

Aladino estaba preso dentro de la cueva.

Aterrado, le gritó a su supuesto tío que si lo dejaba salir le entregaría la lámpara inmediatamente. Pero nadie escuchaba sus gritos.

Desesperado, al no recibir respuesta, se dirigió al jardín y en vano buscó otra salida. Finalmente, después de varias horas, comprendió que estaba atrapado y se echó a llorar. Fue entonces cuando, sin querer, frotó la lámpara con su ropaje.

La lámpara saltó al suelo y rodó frente a Aladino. No pudo creerlo al ver que de su interior salía un misterioso chorro de humo que en pocos instantes quedó convertido en un enorme un genio de aspecto aterrador.

Aladino sintió tanto miedo que quedó petrificado, sin poder moverse, y temiendo lo peor…

Pero el genio, al ver al pobre muchacho, en vez de lastimarlo hizo una breve reverencia con sus manos y se inclinó ante él:

-¡Tus deseos son mis órdenes, mi amo! –le dijo con clara y potente voz-. Yo soy tu fiel servidor... ¡Pide lo que quieras y cumpliré tus deseos!

Aladino no podía creerlo.

Aunque él había escuchado algunas leyendas sobre los genios del desierto, no podía creer lo que estaba pasando.

-Si en verdad eres un genio –le dijo con incredulidad-, ¡sácame ya de esta prisión!

En ese momento hubo un fuerte resplandor y Aladino apareció al lado de la humeante fogata, fuera de la cueva.

El genio había desaparecido.

Emocionado al verse fuera de peligro, el muchacho emprendió el camino de regreso a su casa bajo la tenue luz de la luna llena.

REGRESO A CASA

Cuando el chico llegó a su hogar ya era casi medianoche. Su madre, sumamente preocupada, lo estaba esperando en la puerta. Apenas la vio, le contó lo sucedido y le prometió que a partir de ese día cambiaría y la ayudaría en todo lo posible.

La mañana siguiente, a la hora del desayuno, la madre de Aladino descubrió que ya no les quedaba comida.

-No tenemos nada para preparar el desayuno –le dijo al chico-. ¿Cómo podemos conseguir dinero?

-No te preocupes, madre mía –le dijo Aladino sacando la vieja lámpara que había conseguido en la cueva-. ¡Mira! Podemos venderla en el mercado y con el dinero que nos den, podemos comprar comida para unos días. ¡Ya veremos qué hacemos después!

-Esa lámpara está muy vieja y sucia –dijo ella-. ¿Realmente crees que nos den algo por ella?

-Estoy seguro que sí –dijo Aladino-. Sólo tenemos que limpiarla bien antes de llevarla al mercado.. ¡Ya lo verás!

Enseguida el chico tomó un trapo y comenzó a frotar la lámpara para limpiarla. Al hacer esto, la lámpara se sacudió y de ella salió el enorme genio nuevamente, diciendo estas palabras:

-¡Tus deseos son mis órdenes, mi amo! ¡Pide lo que quieras y cumpliré tus deseos!

La señora, aterrorizada, se desmayó inmediatamente.

Entonces Aladino, sin sentir miedo, tomó la lámpara en sus manos y dijo:

-¡Oh genio! Tráenos comida a mí y a mi madre que tenemos mucha hambre y no tenemos dinero para comprar alimentos.

En ese momento hubo un fuerte resplandor y sobre la mesa apareció un suculento manjar.

Y así fue como el amo y el genio se conocieron, dando origen a una de las leyendas más célebres de toda la historia, leyenda contenida en el milenario libro de *Las mil y una noches* y conocida mundialmente bajo el nombre de *La Lámpara de Aladino*.

3-LAS AVENTURAS DE TOM SAWYER

Mark Twain

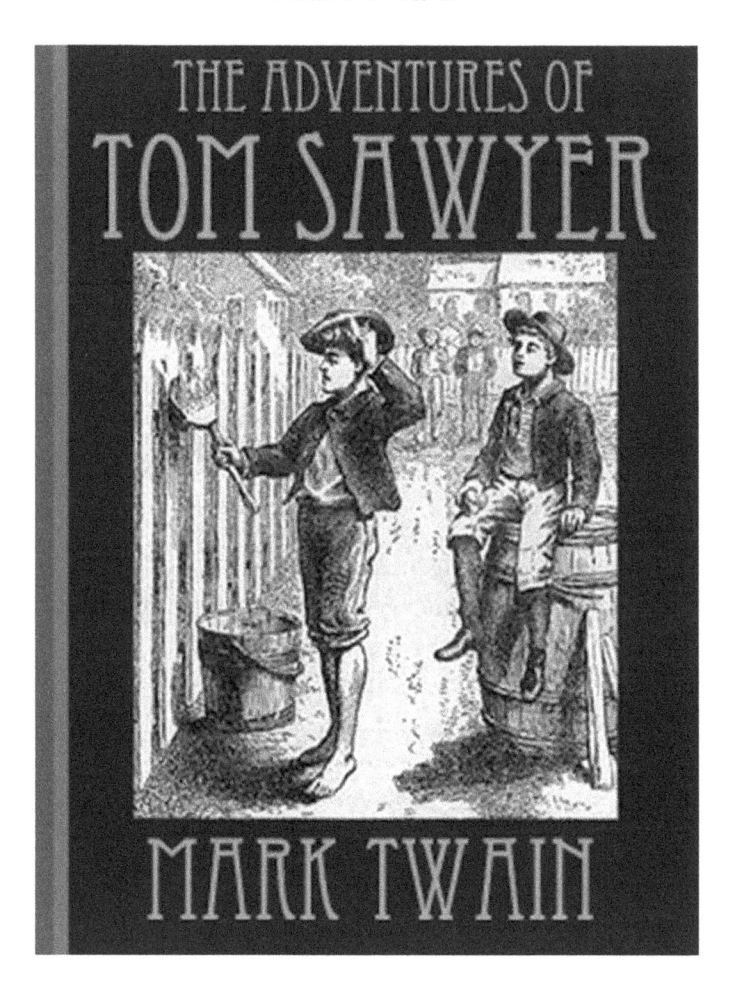

TOM SAWYER ERA UN NIÑO muy travieso. Tenía unos doce años de edad y vivía en un pequeño pueblo del Mississippi, junto con su tía Polly, la única hermana de su difunta madre.

A Tom le encantaba engañar a su madrastra y siempre conseguía lo que quería. No sólo con ella, sino con todos los chicos de su edad… ¡y también con los adultos del pueblo!

Aunque a la tía Polly a veces le divertían sus travesuras, no dejaba de preocuparse por la forma de ser de su pequeño sobrino:

-¡Cielos! ¡Qué muchacho! ¿Cuándo dejará de ser tan travieso? ¡Siempre me hace quedar como una tonta! –decía la señora constantemente ante las picardías de su sobrino.

LA PELEA CALLEJERA

Una tarde de verano, Tom Sawyer atravesaba una de las calles del pueblo, silbando alegremente, cuando vio a un chico que nunca antes había visto. Parecía un forastero. Iba muy bien vestido, con sombrero y corbata.

Esto llamó la atención de Tom, quien enseguida se cruzó en su camino.

Los dos niños se quedaron parados frente a frente, mirándose sin hablar.

Tom fue el primero en hablar:

-¡A que te gano peleando!

-¡A que no! -dijo el chico nuevo.

-¡Vete de aquí! –le dijo Tom, dándole un empujón.

-¡Vete tú! -contestó el otro, devolviéndoselo.

-¡No quiero! –dijo Tom volviendo a empujarlo.

-¡Yo tampoco! –dijo el otro, regresárselo nuevamente.

-¡Eres una gallina! –exclamó Tom-. ¡Llamaré a mi hermano mayor que te aplaste con un solo dedo!

-¡Pues no me importa tu hermano! ¡Yo tengo uno que es más grande que el tuyo!

-¡No te creo!

-¡Pues yo tampoco!

A pesar de las amenazas de ambos chicos, la verdad era que ninguno de los dos tenía un hermano.

Entonces Tom trazó una línea en el suelo y, cruzándose de brazos, le dijo:

-Si te atreves a pasar esta raya, verás de lo que soy capaz… ¡Te pegaré hasta molerte los huesos!

El recién llegado, sin mostrar miedo, cruzó la línea y le dijo:

-¡Pues, ya lo hice! ¿Y ahora qué harás?

Los dos muchachos se dieron muchos golpes hasta que Tom logró dominar al otro. El desconocido se dio por vencido y se marchó amenazando a Tom, quien respondió burlonamente.

Mientras que Tom se reía a carcajadas, recibió una pedrada en la espalda. Al voltear, ¡descubrió que había sido el otro niño, quien se había escondido detrás de unos arbustos y ahora se alejaba corriendo a toda prisa!

Sin pensarlo dos veces, Tom corrió detrás de él. Pero cuando los dos chicos llegaron a otra calle, la mamá del otro niño salió de una casa y recibió a Tom con insultos y regaños, diciéndole que se fuera de allí.

Esa noche Tom llegó muy tarde a su casa, donde lo esperaba su tía. Ella, al verlo sucio y con la camisa rota, decidió enseñarle una lección.

Y así, como castigo por su mala conducta, la tía Polly le dijo que tendría que trabajar todo el fin de semana pintando la gran cerca de madera que rodeaba su casa.

EL CASTIGO DE TOM

Finalmente llegó la mañana del sábado.

Era un día hermoso para ir de pesca o a nadar al río. Pero Tom, obligado a trabajar, no estaba muy contento.

Estaba frente a la cerca, con un tobo de cal y una enorme brocha, rascándose la cabeza. Con sólo imaginar el enorme trabajo que le esperaba ya se sentía cansado.

La tía Polly, al verlo, le dijo que si no comenzaba inmediatamente recibiría otro castigo. Y así fue como

Tom, con mucho fastidio, empezó a pintar la cerca de blanco.

Apenas llevaba unos minutos cuando de la casa salió a Jim, el pequeño hijo de la criada de la tía Polly. Se veía muy contento y llevaba un balde en la mano. Era evidente que lo habían enviado a buscar agua a la fuente del pueblo.

Apenas lo vio, a Tom se le ocurrió una idea.

Aquella era una oportunidad para evadir su castigo. ¡Sólo tenía que intercambiar lugares con él!

Aunque a Tom no le gustaba mucho ir en busca del agua, comparado con tener que pintar la cerca era un paseo muy deseable. Además, él sabía que cerca de la fuente siempre se reunían otros chicos para jugar y divertirse. ¡Esta era su oportunidad!

-¡Hola, pequeño Jim! –dijo Tom con un saludo-. Quiero hacer un trato contigo… Si tú pintas una parte de la cerca, yo iré a la fuente y traeré el agua…

Jim miró la brocha que Tom tenía en su mano y luego a la larga cerca.

-No puedo, si la señora Polly se entera lo pagaré caro.

-No creas eso, Jim, mi tía entenderá. No habrá problemas, ya lo verás… Sólo préstame tu balde y te haré el favor de buscar el agua… Pero antes debes prometerme que te quedarás aquí, pintando la cerca…

-¡No puedo! –dijo Jim, moviendo su cabeza de lado a lado.

-¡La tía Polly jamás se enterará!

Jim bajó la cabeza y mirando al suelo dijo:

-No me atrevo…

-Anda, Jim, si hacemos el trato te daré una canica ¡y de las blancas!

-¿Una canica? –preguntó Jim con curiosidad.

Tom metió su mano en uno de sus bolsillos y sacó una reluciente canica.

-¡Una blanca y de las mejores!

Jim no pudo resistir la tentación y tomó la canica y salió corriendo a gran velocidad con el tobo en la mano.

-¡Me la pagarás! –le gritó Tom con enojo mientras que Jim desapareció de su vista a toda prisa.

UNA NUEVA TRAVESURA

Tom quedó pensativo. No sabía cómo eludir el castigo de su tía. Los demás niños del pueblo pronto pasarían por ahí, camino al río, y seguramente se iban a burlar de él. Además, mientras que los demás irían a nadar y a divertirse, él tendría que trabajar durante todo el día.

De repente se le ocurrió una idea.

Esperaría que pasara el primer chico y en ese momento se pondría a pintar la cerca, ¡pretendiendo que su trabajo era muy divertido y le gustaba mucho!

Justo en ese momento apareció su vecino Ben, quien parecía muy contento. Estaba imitando a un barco famoso para la época, *El Gran Missouri,* y por eso caminaba muy lento, simulando el meneo del navío y hablando como si fuera su capitán.

Al pasar frente a Tom se detuvo, listo para burlarse de él.

Tom siguió pintando, ignorando al otro niño, quien riendo le dijo:

-Conque estás castigado, ¿no? ¡Ja ja ja!

Tom no le hizo caso.

En vez de ello siguió pintando como si fuera un gran artista.

Ben insistió:

-¿Estás sordo, Tom? ¿Qué haces trabajando un sábado?

-¡Ah Ben! No te había visto –contestó Tom distraídamente, como si no le importara la presencia del otro-. ¿Qué haces por aquí?

-Oye, pienso ir al río a bañarme con unos amigos. Pensaba invitarte, pero por lo visto tienes mucho trabajo...

-¿A qué le dices "trabajo"?

-Pues, a eso que estás haciendo, ¿no lo es?

-Puede que lo sea –contestó Tom sin dejar de pintar la cerca con una gran sonrisa–. ¡Pero a mí me gusta mucho, es muy divertido!

-¡No te creo!

-¿Por qué no? ¿Acaso tus padres te dejan pintar la cerca de tu casa? Pues a mí sí me dejan… ¡No sabes lo divertido que es!

Tom dio unos brochazos blancos sobre la madera como si fuera un gran artista y Ben parecía estar cada vez más interesado. Finalmente dijo:

-Oye, Tom. Si lo que haces es tan divertido como dices, quisiera probar un poco… ¿Qué dices? ¿Me prestas tu brocha y me dejas probar?

Tom rascó su cabeza pensativamente antes de contestar:

-No lo creo, Ben. Mi tía Polly es muy estricta. A ella le gusta mucho esta cerca, sobre todo porque es la del frente y todos la ven al pasar. Si quieres te dejo pintar la cerca que está en la parte de atrás de la casa. Pero ésta está a la vista de todos y hay que pintarla con mucho cuidado. Además, ¡casi nadie en todo el mundo sabe pintarla como se debe! ¡Y es tan divertido!

-¿En serio? Déjame probar…

- Quisiera dejarte, pero la tía Polly no quiere que nadie más lo haga... Ni siquiera a Jim ni a Sid los dejaron...

-¿Y por qué?

-¡Porque sólo yo sé hacerlo como a ella le gusta, es decir, como un gran artista!

Tom mojó su brocha nuevamente y siguió pintando con una expresión de felicidad.

Ben sacó una manzana de su bolsillo y dijo:

-Anda, mira lo que te daré si me dejar probar un poco...

Tom miró la fruta fingiendo que no le interesaba y siguió pintando. Pero el otro niño insistió tanto que finalmente la tomó y le entregó la brocha diciendo:

-Está bien, pero sólo mientras me como la manzana…

El otro niño, imitando a Tom, comenzó a pintar la cerca como si también fuera un gran artista. Mientras tanto él se sentó cómodamente bajo la sombra de un árbol y se comió la sabrosa fruta.

En ese momento otros muchachos se acercaron caminando y Tom les dijo lo mismo, que pintar la cerca era muy divertido y que a ellos también los dejaría hacerlo si también le daban algo.

Y así, Tom comenzó a "vender" el derecho de pintar la cerca.

Uno por uno, todos los chicos del pueblo se ganaron el derecho de "practicar su arte" a cambio de cualquier cosa que ellos tuviesen.

Y de este modo, los demás niños pintaron la cerca mientras Tom disfrutaba tranquilamente de sus nuevas adquisiciones.

Cuando la tía Polly finalmente vio la cerca pintada de blanco, quedó tan contenta que le hizo un gran regalo a Tom, ¡sin saber que aquel trabajo era el resultado de otra de sus travesuras!

# 4-SANDOKAN EL TIGRE DE LA MALASIA

Emilio Salgari

AMANECÍA EN MOMPRACEM, el reino del príncipe pirata Sandokan, mejor conocido como *"El Tigre de la Malasia"*. Aquella mañana estaba contento porque se disponía a zarpar con sus hombres en busca de aventuras.

Su destino era la isla de Labuan, donde había una base del ejército inglés. Ahí vivía una mujer muy famosa en toda la Malasia por su gran belleza, conocida como la *"Perla de Labuan"*.

Sandokan tenía tantos deseos de conocer a esa mujer que decidió viajar a conocerla. No le importaba que allí estuviera la armada inglesa ni los demás enormes riesgos del viaje. En pocas horas, dos de sus mejores barcos fueron preparados para la arriesgada misión, reforzados con varios cañones y otras armas de guerra.

-Ya estamos listos para zarpar –le informó el pirata Yáñez, amigo incondicional de Sandokan. Era un hombre de origen portugués y uno de los más apreciados por el joven pirata.

-¿Quiénes vienen con nosotros? –le preguntó *El Tigre*.

-Sólo los más valientes y fuertes...

-Te lo agradezco, Yáñez... No sabes cuánto aprecio lo que haces por la causa...

-Debes tener cuidado, Sandokan. Es bien sabido que en la isla de Labuan hay cientos de soldados ingleses.

-Lo sé, amigo mío. Te juro que tendremos cuidado y que, apenas vea a esa mujer, regresaremos a casa.

INESPERADO COMBATE

Cuando estaban a punto de partir, un enorme negro llegó corriendo en busca de Sandokan. Era Kili-dalú.

-Acabo de ver un barco mercante hacia el Sur, señor –le dijo el negro después de recuperar su aliento.

-¡Vamos por él! –exclamó Sandokan-. Y después iremos a Labuan.

El joven príncipe subió a su barco y partió con sus hombres rumbo al Sur. Las dos embarcaciones se alejaron rápidamente y, un par de horas después, vieron al barco mercante.

Los piratas prepararon las armas y se colocaron en sus puestos de batalla.

-¡Cachorros! –les dijo Sandokan a sus hombres. Así le gustaba llamarlos-, ¡Todos alertas!

Los barcos piratas se acercaron al barco mercante a toda velocidad.

-¿Qué tipo de nave es? –preguntó Sandokan mientras avanzaban de prisa hacia el enemigo.

-Es un Junco chino, señor. -respondió uno de sus más fieles servidores, "Araña del mar", quien siempre andaba montado en el mástil y en las cuerdas de las velas.

-¡Hubiera preferido que fuera una nave europea! –exclamó Sandokan- No tengo nada en contra de los chinos, ¿pero qué más da?… ¡Todos a sus puestos!

Los dos barcos piratas hicieron una maniobra, cortándole el paso a la nave china. En ese momento, la tripulación del Junco izó una bandera. Al verla, Sandokan y sus hombres supieron que aquella nave era de Sarawak, una isla gobernada por un despiadado inglés llamado James Broke. Este ciudadano británico mantenía una encarnizada guerra contra los piratas.

Sandokan dio la orden de iniciar el ataque.

Uno de sus hombres disparó un cañonazo y la bala destrozó el mástil del Junco, cuyas velas cayeron violentamente.

En uno de los costados del Junto, Sandokan vio que el enemigo bajaba un pequeño bote con seis hombres a bordo.

-¡Miren! –gritó el joven pirata al verlos-. ¡Esos cobardes intentan escapar! ¡Denles lo que se merecen!

Un corpulento malayo, de nombre Patán, enseguida les disparó un cañonazo y los volvió pedazos. Sus restos se hundieron en el agitado mar.

-¡Así se hace! -exclamó Sandokan-. ¡Disparen! ¡Que nadie quede vivo!

Los piratas dispararon sin piedad y se colocaron a ambos lados del barco mercante. Lanzaron enormes ganchos atados a largas cuerdas y pronto abordaron la pequeña nave.

-¡Así se hace, mis cachorros! –gritó el Tigre animando a sus hombres.

Cuando el príncipe se disponía a saltar al Junco, "Araña del mar" lo empujó inesperadamente, tumbándolo sobre la cubierta. Justo en ese momento, sonó un disparo y una bala se hundió en el pecho del fiel servidor, quien dio su vida por la de Sandokan.

Enfurecido, El Tigre saltó sobre el barco enemigo, donde libró una fuerte batalla en compañía de sus hombres. Combatieron al enemigo como fieras salvajes, luchando con una gran violencia hasta someterlos.

PIEDAD CON EL VENCIDO

-¡Ríndanse, o los mataré a todos! –le gritó Sandokan a los vencidos.

Los sobrevivientes del Junco, al verse derrotados, se rindieron.

Sandokan les preguntó:

-¿Quién está al mando de esta nave?

-¡Yo! –contestó un capitán chino de fuerte aspecto. Su presencia le resultó agradable al joven pirata.

-¡Tú y tus hombres pelearon con gran valentía! –dijo inclinando levemente su cabeza como gesto de cortesía-. ¿Qué rumbo llevaban antes de nuestro ataque?

-Íbamos rumbo a la isla de Sarawak –respondió el chino.

-¿Sarawak? ¿Saben si ahí se encuentra James Broke?

-No estoy enterado de eso. Tenemos muchos meses sin ir a Sarawak, pero es muy posible que ahí esté Broke.

-Quiero que le entregues un mensaje a ese malnacido. Dile que dentro de muy poco iré con mis hombres a Sarawak y que destruiré todas sus naves.

Al decir esto, Sandokan se arrancó un collar de piedras preciosas que llevaba colgado al cuello. Era un collar de muchísimo valor y se lo regaló al capitán chino, quien no sabía qué decir.

-Te regalo esta prenda como pago por los daños causados. Con el producto de su venta, podrás comprar por lo menos diez Juncos como éste.

El chino, evidentemente confundido, recibió el collar. Al hacerlo, le preguntó:

-¿Quién es usted, noble señor, que no sólo me ha perdonado la vida, sino que además me regala esta valiosa joya?

-¡Soy *"El Tigre de la Malasia"*! ¡Recuérdalo bien!

RUMBO A LA ISLA DE LABUAN

Sandokan dio la orden de abandonar el barco de Sarawak y sin perder tiempo los piratas retornaron a sus naves, dejando libres a los confundidos chinos.

El pirata Yáñez preguntó:

-¿A dónde vamos ahora, Tigre?

-¡Iremos a Labuan, mis cachorros! –exclamó el príncipe pirata lleno de emoción porque muy pronto conocería a aquella hermosa mujer de quien todos hablaban tanto.

Después de reparar los pocos daños que sufrieron los barcos piratas y realizar un digno funeral a su fiel servidor, "Araña del mar", Sandokan dio la orden de partir y emprendieron su viaje hacia la isla de Labuan.

Esa noche, Sandokan y sus hombres llegaron a su destino, la pequeña isla donde vivía la hermosa "Perla de Labuan" y donde también les esperaban incontables peligros y aventuras que demostrarían, una vez más, por qué aquel pirata valiente e intrépido era mejor conocido como *El Tigre de la Malasia.*

Selected Reading in Easy Spanish

5-LA GUERRA Y LA PAZ

León Tolstoi

LA ALTA SOCIEDAD RUSA estaba de fiesta en el palacio de Ana Scherer, prima y dama de honor de la Emperatriz de Rusia, María Fedorovnav.

Era 1805 y soplaban vientos de guerra en toda la nación.

El primer invitado en llegar fue el príncipe Basilio Kuraguin. Era un hombre muy poderoso, con numerosos títulos de nobleza. Ana salió a recibirlo y, después de saludarlo, lo invitó a sentarse y le dijo:

-¿Que noticias tienes del anticristo Napoleón? Supe que las ciudades de Génova y Lucca cayeron a sus pies ¡No me vaya a decir que todavía no estamos en guerra! ¡Si no hacemos algo, nuestra madre Rusia también podría caer en su poder!

El príncipe Basilio, abrumado por el fervor de la dama, no supo qué decir.

Esa noche el palacio de Ana Scherer se llenó con los más distinguidos miembros de la alta sociedad de San Petersburgo.

Entre los invitados más conocidos destacaban la hija del príncipe Basilio, la hermosa Elena, y la encantadora princesa Bolkonskaia, esposa del joven príncipe Andrés Bolkonski. También estaban el príncipe Hipólito, hermano de Elena, y el abate Morio, entre otros nobles célebres.

UN PECULIAR INVITADO

Poco después de comenzar la fiesta, llegó un peculiar invitado.

Era el hijo del conde Bezukhov, el joven Pedro, quien había llegado del extranjero pocos días antes, tras enterarse que su padre se estaba muriendo. Era la primera vez que asistía a una fiesta desde su reciente regreso a suelo ruso.

Aunque Ana Scherer desconfiaba de él, lo recibió con las puertas abiertas.

-Bienvenido a mi hogar –le dijo la anfitriona.

Pedro sonrió y le devolvió el saludo antes de mezclarse con el resto de los invitados. Pronto vio a la princesa Bolkonskaia y se le acercó:

-¿Conoces al abate Morio? –le preguntó después de saludarla-. Todos dicen que es un personaje muy especial y me gustaría hablar con él.

-Claro que lo conozco… y también conozco sus ideas pacifistas. Hace unos momentos lo vi conversando con el príncipe Hipólito. Creo que están en la terraza…

-Luego hablamos, princesa, iré a ver si lo encuentro -dijo Pedro caminando hacia la terraza.

EL RELATO DEL VIZCONDE

La velada estaba en su apogeo cuando llegó el vizconde de Mortemart. Era uno de los más célebres intelectuales de la sociedad rusa, además de uno de los hombres más simpáticos e interesantes.

El vizconde llegó con la noticia de la muerte del duque de Enghien, quien acababa de morir a manos de

Napoleón Bonaparte. Todos se acercaron para escuchar su interesante relato.

Contó que el duque de Enghien había ido a París secretamente, para verse con su amante. Pero al llegar a la casa de ella, se encontró a Napoleón en persona. Todo terminó con su asesinato.

-¡Qué tragedia! –exclamó Ana Scherer.

-¡Qué vueltas tiene la vida! –dijo la princesa Bolkonskaia.

EL JOVEN PRÍNCIPE ANDRÉS

En ese momento llegó el último invitado: el príncipe Andrés Bolkonski, esposo de la princesa Bolkonskaia.

Era un joven muy apuesto e inteligente, aunque extremadamente soberbio. Su mayor defecto era su carácter, pues era muy antipático, contratando con la forma de ser de su esposa. Aunque conocía a todos los presentes, sólo simpatizaba con unos pocos...

Ana Scherer lo recibió en las puertas del palacio y, después de darle una calurosa bienvenida, le dijo:

-Querido Andrés, acabo de enterarme que pronto partirás a la guerra.

-Así es, querida Ana. Mi tío, el general Kutuzov me necesita en el campo de batalla.

-¡Andrés! —exclamó su esposa, la princesa Bolkonskaia, acercándose a la puerta-. ¡No te imaginas lo que acaba de contarnos el vizconde sobre el duque de Enghien y Napoleón!

El príncipe Andrés levantó su mano e hizo un gesto de desprecio, cómo si no le interesara el tema.

En ese momento Pedro también se acercó al príncipe y lo saludó con un fuerte apretón de manos.

-¿Tú por aquí? -dijo el príncipe, sorprendido.

-Sabía que vendrías —le contestó Pedro.

-Pues, debo admitir que no esperaba verte…

Pedro miró hacia los lados antes de decirle al oído lo siguiente:

-¿Podemos reunirnos después en su casa?

-Puede ser -le respondió el joven príncipe en voz baja.

Pedro intentó decirle algo más, pero en ese instante fueron interrumpidos por el Príncipe Basilio y su hija, la hermosa Elena, quienes ya se marchaban. Ambos eran parientes cercanos de Pedro, quien desde muy joven admiraba profundamente la extraordinaria belleza de su "prima" Elena.

El príncipe Basilio tomó a Pedro por un brazo y le dijo a Ana Scherer:

-Cuídame al muchacho, querida Ana. Tiene mucho tiempo que no frecuenta nuestros círculos sociales. Es importante que esté en compañía de gente inteligente que le dé buenos consejos.

-No te preocupes, querido Basilio, cuidaré de él... y gracias por venir a la fiesta...

-Elena es una joven muy hermosa –dijo el príncipe Andrés al verlos salir por la puerta y bajar las escalinatas del palacio.

-Es la más bella de todo San Petersburgo –dijo Pedro mientras que Elena y su padre subían a un lujoso carruaje rojo, tirado por seis hermosos caballos blancos.

LA AMENAZA DE NAPOLEÓN

Ana Scherer invitó a pasar al joven príncipe y todos se reunieron alrededor del recién llegado para saludarle. Entonces ella dijo:

-Príncipe Andrés, querido, ¿qué opinas sobre el gobierno de Napoleón? ¿No te parece una locura?

Un fuerte murmullo se escuchó entre los invitados.

-A mí sí me parece –continuó Ana-. Y creo que los monarcas del mundo deberían hacer algo para detener a ese demonio. ¡Quiere destruirlo todo!

-Es verdad –dijo el vizconde-. Si Napoleón sigue en el poder acabará con todo el mundo civilizado. ¡Rusia debería derrocarlo!

-El Zar Alejandro ya dijo que no se entrometerá en los asuntos internos de Francia –dijo el príncipe Andrés-.

Dejará que los franceses decidan qué hacer con Napoleón a menos que entremos en guerra con Francia…

-Estoy segura que los franceses pronto derrocarán a Napoleón -dijo Ana-. Después de todo, la mayoría sigue apoyando a la monarquía.

-Yo no estaría tan seguro, querida Ana –le dijo el príncipe Andrés–. Las cosas han ido muy lejos en Francia. Me parece que ya no hay marcha atrás...

-No la habrá -asintió Pedro, tomando la palabra-. Además, he sabido que la nobleza francesa ahora apoya a Napoleón.

-¡Eso sólo lo dicen sus partidarios! –dijo el vizconde-. Pero la mayoría opina lo contrario, sobre todo después del asesinato del duque de Enghien…

-La muerte del duque no tiene importancia - interrumpió nuevamente Pedro.

-¡Dios mío, Pedro! –exclamó aterrada Ana Scherer-. ¿No te parece horrible lo que dices?

-Les diré por qué lo digo –prosiguió Pedro–. Como todos sabemos, después de la ejecución de los reyes de Francia, reinó la anarquía en ese país. Sólo Napoleón fue capaz de instaurar el orden. Y sólo Napoleón les ofrece un futuro mejor a los franceses… Por eso la mayoría lo ve como un héroe y creen ciegamente en sus grandes planes… Y por eso les repito que la muerte del duque no tiene importancia…

-¡Ese Napoleón es un asesino! –protestó el vizconde levantando su voz-. Si hubiera llegado al poder sin asesinar a nadie y le hubiera regresado el cetro a la familia real, ¡entonces sí sería un héroe!

-Lamentablemente, Francia ya no es la misma -dijo Pedro-. El pueblo siente que si de algo sirvió la revolución francesa fue para quitarse de encima a la monarquía… Y no están dispuestos a dar un solo paso atrás… Así que si piensan que la monarquía volverá a Francia se equivocan y será mejor que lo vayan olvidando…

A Ana Scherer le molestaron mucho aquellas palabras de Pedro y prefirió callar.

-Digan lo que digan, ese Napoleón es un plebeyo advenedizo –dijo el príncipe Hipólito haciendo un gesto despectivo…

-Sea como sea -agregó el príncipe Andrés-, muchos franceses piensan que Napoleón tiene su lado bueno. Dicen que ha sido magnánimo y generoso, incluso con sus enemigos… Por esos lo apoyan incondicionalmente… Claro que no podemos olvidar que hay muchos aspectos en él que son realmente despreciables y que no debemos disculpar…

En ese momento comenzó a tocar un cuarteto de cuerdas y, al escuchar la música, la conversación terminó y todos se fueron a bailar.

Al finalizar la fiesta, cuando casi todos los invitados ya se habían marchado, Ana Scherer finalmente logró hablar a solas con Pedro, quien también estaba a punto de marcharse.

-Gracias por venir, querido Pedro -le dijo la anfitriona al despedirse-. Espero que vuelvas pronto… Pero también espero que la próxima vez seas más cuidadoso con lo que dices y dejes a un lado esas ideas subversivas…

Pedro no respondió. Sólo inclinó su cabeza ligeramente e hizo una breve reverencia antes de partir.

LA DECISIÓN DEL PRÍNCIPE

Pedro abordó su carruaje. Antes de marcharse, el príncipe Andrés le había dicho en voz baja que lo esperaba en su casa, así que fue a verle de inmediato.

Cuando llegó al palacio del príncipe, el noble lo recibió molesto en su biblioteca:

-¿Por qué hiciste esos comentarios en la fiesta, Pedro? ¡A Ana Scherer y a la mayoría de los invitados no les gustan las ideas revolucionarias!

-No te preocupes, sólo dije algo inofensivo -respondió Pedro.

-Sí, ¡pero no puedes andar diciendo esas cosas en cualquier lugar!

-Bueno, tú sabes cómo soy yo. A veces no puedo detenerme…

-Es verdad, Pedro, te conozco demasiado bien. Por eso te sugiero que tengas más cuidado. Y ahora dime, ¿por fin qué decidiste? ¿Vas a ser diplomático o ingresarás en el ejército?

-Ninguna de las dos… Todavía no sé qué haré con mi vida…

-Debes decidirte, Pedro, no hagas esperar más a tu padre. Recuerda que él está muy enfermo y que te mandó a San Petersburgo para que escogieras una carrera. ¿Por qué no te unes al ejército? ¡Así podrás luchar por nuestra patria!

-Si peleáramos por nuestra libertad, lo haría. Pero no quisiera que entráramos en guerra con Francia y tener que luchar contra Napoleón… Tú mejor que nadie sabes cuánto lo admiro…

-Lo sé, y guardaré bien tu secreto… Sólo piensa en lo que te dije. Y por favor complace de una buena vez a tu padre…

-Gracias, tomaré en cuenta tu consejo… ¿Y tú? ¿Por qué decidiste irte a la guerra si lo tienes todo?

-¡Porque aquí me aburro demasiado! Te confieso que la vida vana y estúpida de la alta sociedad ya no me satisface…

En ese momento la hermosa princesa Bolkonskaia entró a la biblioteca y su joven esposo la invitó a sentarse.

-¿De qué hablan los caballeros? -preguntó ella tomando asiento con una sonrisa.

-Hablaba con tu esposo sobre su partida -contestó Pedro-. Todavía no entiendo por qué se empeña en irse al campo de batalla…

-¡Lo mismo digo yo! -exclamó la princesa-. ¿Por qué será que a los hombres les gustan tanto las guerras? ¡A mí no me gustan para nada!

-Por cierto, Andrés, ¿cuándo te vas? -preguntó Pedro.

-¡Espero que nunca! -dijo la princesa en tono triste.

-¡No entiendo por qué no quieres que vaya a luchar por mi país, querida! –dijo el príncipe molesto por su actitud.

-¡Porque me vas a dejar sola y aburrida! -respondió ella con tristeza.

-¡No estarás sola! Aquí tienes a mi padre y mis hermanas. Ellos te harán compañía.

-¡Es lo mismo que estar sola! -replicó la princesa con los ojos húmedos-. ¡Por favor, querido, te ruego que no te vayas!

-Lo siento, querida, pero ya le di mi palabra a mi tío. Está decidido: En pocos días me reuniré con él en el campo de batalla. Punto final.

La princesa salió de la biblioteca con lágrimas en los ojos y cuando los dos hombres se quedaron solos, el príncipe tomó la palabra:

-No te vayas a casar nunca, Pedro, no te lo recomiendo. Mi esposa es maravillosa, pero a veces preferiría no estar casado. Como te dije, ya no soporto esta sociedad ni sus frivolidades…

Pedro, quien admiraba mucho al príncipe, no entendía como era capaz de hablar así de su hermosa mujer. -¿Entonces es verdad que te irás en unos días?

-Así es, Pedro. Apenas arregle ciertos asuntos me embarcaré. Pronto estaré en el campo de batalla y olvidaré la vida vacía y aburrida que ahora me consume.

EL DESCUBRIMIENTO DEL PRÍNCIPE

Poco antes de la partida del príncipe Andrés, Rusia entró en guerra contra Napoleón Bonaparte. En la alta sociedad rusa sólo se hablaba del conflicto que comenzaba.

A pesar de las súplicas de su esposa, el príncipe Andrés no tardó en embarcarse. Poco después se reunió con su tío, el comandante Kutuzov, quien lo recibió por todo lo alto en los territorios gobernados por el archiduque de Austria. Allí, los rusos se enfrentaron a las tropas de Napoleón y se dice que el príncipe Andrés luchó con valentía, prestando un valioso servicio a su nación.

Pero, en realidad, el príncipe estaba triste e insatisfecho.

Muchas veces, estando en el campo de batalla, recordaba los tranquilos días que pasaba en su palacio, con su bella esposa. Aquellos días que antes le parecían estúpidos y aburridos, ya no lo eran para él.

Y así fue cómo el joven príncipe Andrés se arrepintió de haber abandonado su hogar y finalmente descubrió la enorme diferencia que existe entre la guerra y la paz…

Selected Reading in Easy Spanish

6-LA HISTORIA DE HERODOTO

Herodotus

LA CIUDAD DE BABILONIA es la más grande y maravillosa que he conocido. Se encuentra a ambos lados del río Éufrates y es considerada la más bella del imperio de la Asiria.

La población está ubicada en una gran llanura, bordeada por el mencionado rio. Es una gran metrópoli y tiene la forma de un cuadrado, cada lado con una longitud de ciento veinte estadios. Su contorno completo, por lo tanto, mide cuatrocientos ochenta estadios.

También es la ciudad más organizada que he conocido. Está rodeada por un foso de agua y una muralla gigantesca, siendo la más alta que he visto en todo el mundo.

EL TEMPLO DE ZEUS

En un extremo de Babilonia visité el templo del dios Zeus. Para entrar, hay que atravesar unas enormes puertas de bronce. En el medio del edificio hay una gran torre y, en medio de ésta, hay otra y encima hay otras más. En total hay ocho torres superpuestas, siendo las más altas las más pequeñas.

En lo alto de la última torre está el gran altar de Zeus. Allí no hay ninguna estatua, sólo una cama de oro donde duerme la elegida.

A ella la escoge el dios, entre todas las mujeres de la ciudad. Y dicen los sacerdotes que todas las noches Zeus baja del cielo y duerme con ella.

MODO DE CONSEGUIR PAREJA

Una de las costumbres más sorprendentes que tienen los babilonios es el modo de conseguir pareja.

Una vez cada año, en cada pueblo se reúnen todas las doncellas y son llevadas a la plaza central. Al lugar también acuden todos los hombres en busca de esposa y cuando todos se han reunido, comienza el proceso.

Un subastador presenta a cada mujer, una por una, sobre una gran tarima. Comienza por la más hermosa.

Los hombres hacen sus ofertas y la mujer se le entrega al mejor postor. Por supuesto que mientras más bella sea una mujer, también será más costosa. Descendiendo en el rango de hermosura, el resto de las mujeres son vendidas, cada vez a menor precio.

Y de este modo, todo el dinero obtenido en la subasta es repartido entre los ciudadanos pobres de la ciudad con una sola condición: ¡Que ellos se casen con las mujeres feas!

Y así, al terminar de vender la última de las mujeres bellas, el subastador sube a las feas, una por una. El plebeyo que menos dinero aspire recibir por tenerla, se la lleva. Y así se hace, hasta que ya no queden más mujeres por casarse.

Curiosamente, a nadie le es permitido casarse con la persona que quiera ni se puede llevar a una doncella si no se casa con ella. ¡Y si no se consume el matrimonio, entonces hay que devolver el dinero!

Ésta sólo son algunas de las muchas costumbres curiosas de la legendaria ciudad de Babilonia, Grande entre las Grandes, la cual ha sido objeto de una extensa descripción en el primero de mis *Nueve Libros de la Historia.*

ABOUT THE AUTHOR

ÁLVARO PARRA PINTO is a literary author and journalist born in Caracas, Venezuela (1957). He is the editor of the South American publishing company EDICIONES DE LA PARRA and has published several of his books in Kindle format, including his bestselling series SELECTED READINGS IN EASY SPANISH. Especially designed for the intermediate language student, each volume of this series is written in simple, easy Spanish.

AMAZON AUTHOR PAGE:
http://amazon.com/author/alvaroparrapinto

Contact the Author:
ineasyspanish@gmail.com

Twitter Account:
@ineasyspanish

Published by: Ediciones De La Parra
http://www.edicionesdelaparra.com

Copyright © Alvaro Parra Pinto 2014
All Rights Reserved.

THANK YOU!

Ediciones De La Parra

Thanks a lot for reading this book!

Our main goal is to help intermediate-level readers like you, by providing simple, selected readings in easy Spanish at low prices!

If you liked this product, please give us a minute and leave your review in Amazon:

PLEASE LEAVE YOUR REVIEW AT:

AND CHECK OUT THE REST OF THE VOLUMES OF THE SPANISH LITE SERIES!

Selected Reading in Easy Spanish

SPANISH LITE SERIES: VOL. 1

*The Three Musketeers by Alexandre Dumas
*Tarzan Of The Apes by Edgar Rice Burroughs
*The Metamorphosis by Franz Kafka
*Five Weeks In A Balloon by Julius Verne.
*Wuthering Heights by Emily Brontë
*Frankenstein by Mary Shelley

SPANISH LITE SERIES: VOL. 2

*Dracula by Bram Stoker
*The Miserables by Victor Hugo.
*Don Quixote by Miguel de Cervantes
*Gulliver´s Travels by Jonathan Swift
*A Study in Scarlett by Sir Arthur Conan Doyle
*Jane Eyre by Charlotte Brontë

SPANISH LITE SERIES: VOL. 3

*Arabian Nights (Anonymous)
*The Jungle Book by Rudyard Kipling
*David Copperfield by Charles Dickens
*From The Earth To The Moon by Jules Verne
*Treasure Island by Robert Louis Stevenson
*The Origin of Species by Charles Darwin

SPANISH LITE SERIES: VOL. 4

*The Wise King by Khalil Gibran
*After Twenty Years by O Henry.
*Robinson Crusoe by Daniel Defoe
*Pride and Prejudice by Jane Austen
*The Bronze Statue by J. V. Camacho
*The Art of War by Sun Tzu

SPANISH LITE SERIES: VOL. 5

*Journey To The Center Of The Earth by Jules Verne
*Aladdin´s Lamp (Anonymous)
*The Adventures of Tom Sawyer by Mark Twain
*Sandokan, The Tiger of Malaysia by Emilio Salgari
*War and Peace by Leon Tolstoi
*The History of Herodotus by Herodotus

SPANISH LITE SERIES: VOL. 6

*20.000 Leagues Under The Sea by Jules Verne
*Conan The Barbarian by Robert E. Howard
*The Lost World by Sir Arthur Conan Doyle
*The Travels of Marco Polo by Marco Polo
*The Tortoise and The Hare by Aesop
*The Prince and The Pauper by Mark Twain

SPANISH LITE SERIES: VOL. 7

This volume includes a selection from the following best-sellers:
***A Connecticut Yankee in King Arthur´s Court** by Mark Twain.
*T**he Hunchback of Notre Dame** by Victor Hugo
Plus the COMPLETE & CONDENSED EDITION of the bestselling novel:
***The Picture of Dorian Gray** by Oscar Wilde

SPANISH LITE SERIES: VOL. 8

This volume includes the COMPLETE AND CONDENSED EDITIONS of three famous TALES OF HORROR, including the following short stories, published in the 1800s:
***The Dead Woman** by Guy de Maupassant
***The Black Cat** by Edgar Allan Poe
Plus the 1886 bestselling novel that shook the world:
***Dr. Jekyll and Mr. Hyde** by Robert Louis Stevenson

Selected Reading in Easy Spanish

SPANISH LITE SERIES: VOL. 9

*Robin Hood (anonymous)
*Mysterious Island by Jules Verne
*Africa by David Livingstone
*Madame Bovary by Gustave Flaubert
*The Trial by Franz Kafka
*The King´s Dream by Herodotus

SPANISH LITE SERIES: VOL. 10

This volume includes the COMPLETE AND CONDENSED VERSIONS of three famous VAMPIRE STORIES, including the following short stories:
*VAMPIRETTE by E. T. A. Hoffmann.
*THE DEAD LOVER by Théophile Gautier.

Plus the bestselling VAMPIRE NOVEL:
*DRACULA by Bram Stoker.

Spanish Lite Series

Ediciones De La Parra

Selected Readings in Easy Spanish is especially made for intermediate language students like you. Compiled, translated and edited by the Venezuelan bilingual journalist and literary author Alvaro Parra Pinto, editor of **Ediciones De La Parra.**

AMAZON AUTHOR PAGE:
http://amazon.com/author/alvaroparrapinto

CONTACT THE AUTHOR:
ineasyspanish@gmail.com

@ineasyspanish

PUBLISHED BY: EDICIONES DE LA PARRA
http://www.edicionesdelaparra.com

Copyright © Alvaro Parra Pinto 2014 All Rights Reserved.

07546723990   22ⁿᵈ Nov,

without reason / Sin más ni más
What difference does it make.
¿Qué más da?

Fabrigat Barios
Kayak fishing in Huelva Spain